스마트폰으로
편하게 연습하는
시창과 청음

일러두기

1. 교재의 모든 악보들은 QR 코드를 통해 들을 수 있습니다.
2. 수록된 악보는 저자의 오랜 경험을 바탕으로 만들어진 저작물입니다. Copy 하여 사용할 수 없습니다.
3. 제공하는 음원은 연습용으로만 사용할 수 있습니다. 음원을 재배포할 수 없습니다.

스마트폰으로
편하게 연습하는
시창과 청음

박은해
지음

1458music

프롤로그

시창과 청음 과목을 가르치며 오래전부터 느껴온 갈증은 늘 교재에 대한 아쉬움이었습니다. 지금은 거의 사용하지 않는 CD를 이용해 음원을 들어야 하는 불편함이 가장 컸고, 한 번만 들을 수 있는 음원이 대부분이어서 잘 안 들리는 구간을 반복하여 들으려면 고생을 할 수밖에 없었습니다. 배우는 입장에서도 마찬가지였지요.

이 책은 현장에서 겪은 이러한 답답함을 해소하고자 만든 교재입니다. 모든 악보의 음원은 CD나 파일을 다운로드할 필요 없이 QR 코드에 접속하여 스마트폰으로 바로 들을 수 있게 하였습니다. 그리고 구간을 반복하는 음원을 추가하여 끊어서 연습하지 않아도 한 번에 문제를 듣고 풀 수 있습니다. 또한 제가 직접 청음 수업 시간에 다루었던 다양하고 특화된 내용들을 많이 접목하여 예술 중·고교와 국악 중·고교 입시생과 재학생에게 큰 도움을 줄 것입니다.

책의 구성은 간단한 음정과 리듬에서 시작하여 점점 난도를 순차적으로 높여가는 방식으로 연습할 수 있도록 만들었습니다. 리듬이 어려운 분들을 위해 리듬 악보를 따로 배치하기도 했습니다. 이 교재로 매일 꾸준히 연습한다면 누구나 어렵지 않게 시창과 청음을 마스터할 수 있으리라 확신합니다.

책이 나오기까지 도움을 주신 포레스트 콘텐츠 동료들과 1458music 출판사 분들, 언제나 풍성한 사랑과 기도로 지지해 주시는 부모님, 든든하고 사랑하는 남편에게 감사합니다.

청음은 훈련하면서 성과와 보상을 바로 얻을 수 있는 재미있는 게임과도 같습니다. 연습할수록 안 들리던 음이 들리는 게 신기할 때도 있을 것입니다. 이 책을 통해 시창과 청음의 재미와 뿌듯함도 느끼고, 귀가 열리는 새로운 세상을 경험하기 바랍니다.

Im Nomime Jesu
박은혜

이 책의 활용법

1. 체계적인 난이도와 모든 악보의 음원 제작으로 혼자서도 연습할 수 있도록 하였습니다.

　본 교재는 $\frac{3}{4}$, $\frac{4}{4}$, $\frac{6}{8}$ 박자의 다양한 리듬을 체계적으로 구성하였습니다. 또한 쉬운 음정에서부터 어려운 음정까지 다장조로 연습할 수 있습니다. 수록된 모든 악보를 음원으로 들을 수 있어서 혼자서도 연습은 물론 입시 준비까지 할 수 있습니다.

2. QR 코드에 접속해서 음원을 바로 들어보세요.

　본 교재의 음원은 실제 청음 입시와 비슷한 형식으로, 모든 문제는 QR 코드 접속을 통해 바로 들을 수 있도록 만들어 학습의 효율성을 극대화하였습니다.

- 연습용 : 1~8마디를 한 번 듣습니다.
- 시험용 : 1~8마디 → 1, 2마디 → 1, 2마디 → 1, 2, 3, 4마디 → 3, 4마디 → 3, 4, 5, 6마디
　　　　　 → 5, 6마디 → 5, 6, 7, 8마디 → 7, 8마디 → 7, 8마디 → 1~8마디
　　　　　 (마디 사이는 12초 간격으로 답안을 적을 수 있는 시간이 주어집니다.)

　오른쪽 QR 코드에 접속해서 음원 활용법을 먼저 시청해 주세요.　　

3. 기본기를 연습하는 Part01~04는 리듬 악보를 따로 연습합니다.

　시창과 청음을 시작하는 학생들은 음정 파악보다 리듬을 더 어렵게 느낍니다. Part01~04는 왼쪽에 리듬 악보, 오른쪽에 선율 악보를 배치하여, 연습 시 기본 리듬에 쉽게 접근할 수 있도록 하였습니다. 리듬 악보를 먼저 입으로 소리 내 읽어본 후, 익숙해지면 멜로디 청음을 시작하세요.

목차

1

기본 리듬과
쉬운 음정 연습

· 3/4 박자
· 4/4 박자
· 6/8 박자

기본 리듬과 쉬운 음정 연습

Part01에서는 $\frac{3}{4}, \frac{4}{4}, \frac{6}{8}$ 박자의 기본 리듬을 연습합니다.

먼저 오른쪽 QR 코드에 접속해서 박자별 리듬을 들은 후, 입으로 소리내어 연습해 보세요.

· 3/4박자의 기본 리듬

①  (점2분음표)

② (2분음표 + 4분음표)

③ (4분음표)

· 4/4박자의 기본 리듬

① (온음표)

② (2분음표 + 2분음표)

③ (2분음표 + 4분음표)

④  (점2분음표 + 4분음표)

⑤ 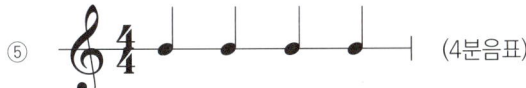 (4분음표)

• 6/8박자의 기본 리듬

① 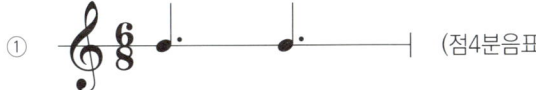 (점4분음표)

②  (점4분음표 + 8분음표)

③  (8분음표)

· Part01 기본 리듬과 쉬운 음정 연습

1. 메트로놈을 $\frac{3}{4}$, $\frac{4}{4}$박자는 72(♩=72), $\frac{6}{8}$박자는 108(♪=108)에 맞춥니다.
2. 메트로놈을 들으며 왼쪽 페이지의 리듬 악보를 입으로 소리내어 읽어봅니다.
3. QR 코드에 접속하여 C Major scale을 들은 후, 오른쪽 선율 악보를 시창합니다.
4. 오선 노트를 펴고 QR 코드 음원을 들으며 청음합니다.

①

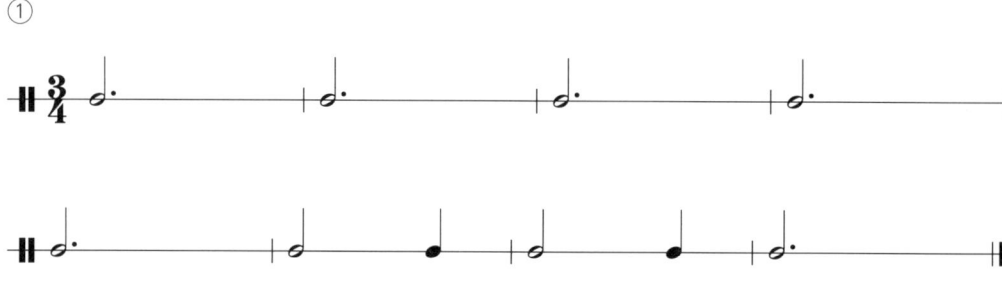

②

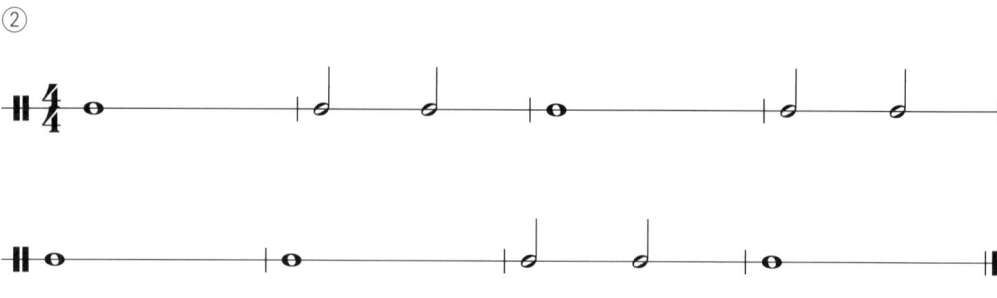

③

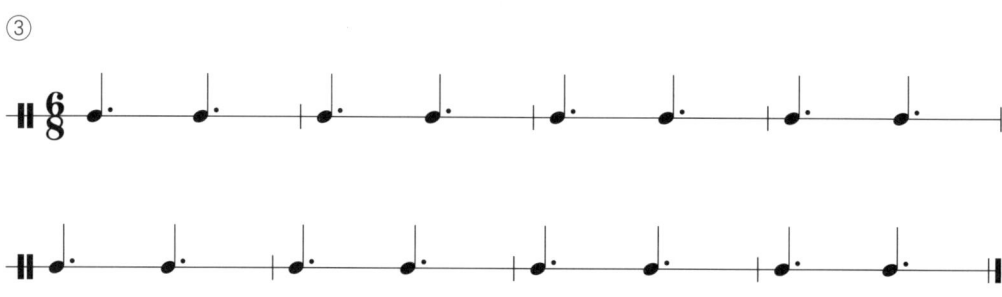

①

②

③

④

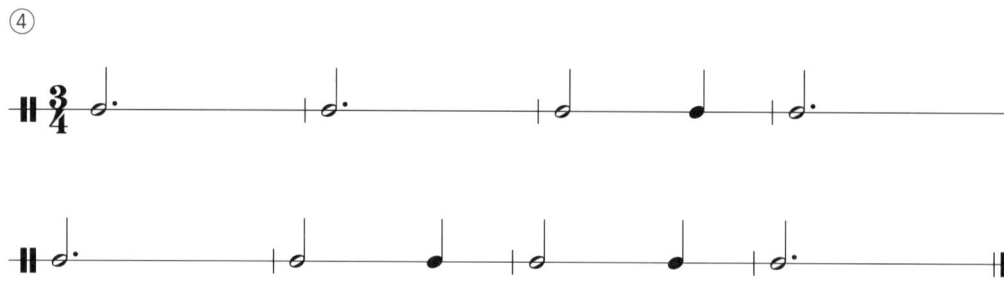

⑤

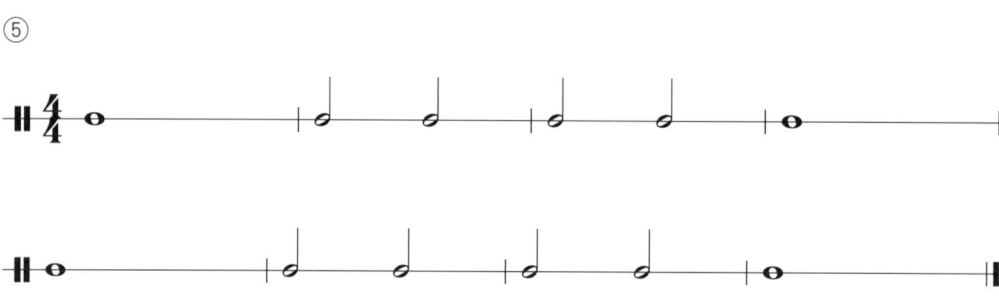

⑥

④

⑤

⑥

⑦

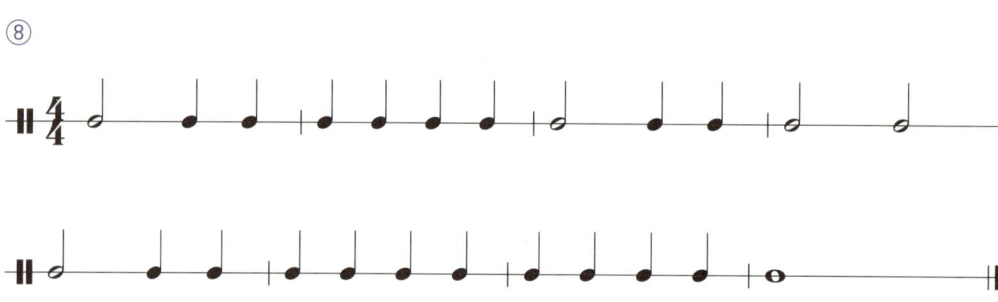

⑧

⑨

⑦

⑧

⑨

⑩

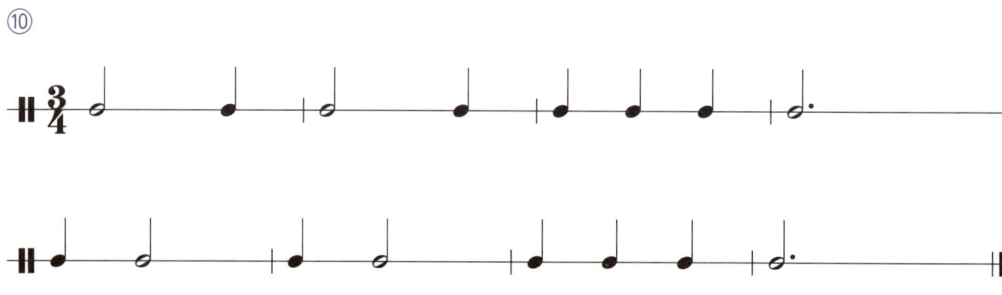

⑪

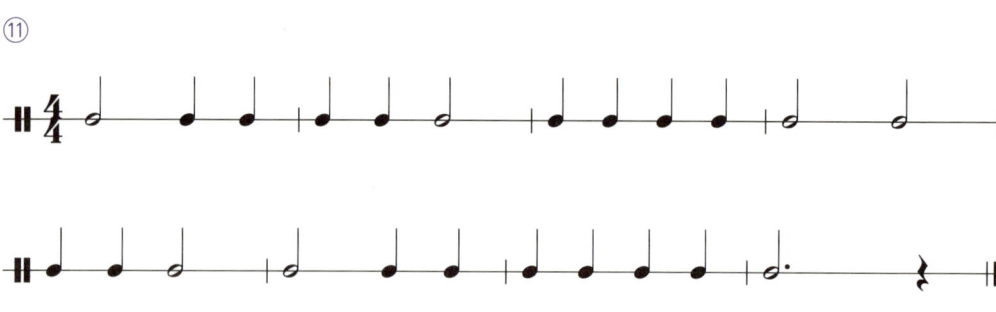

⑫

⑩

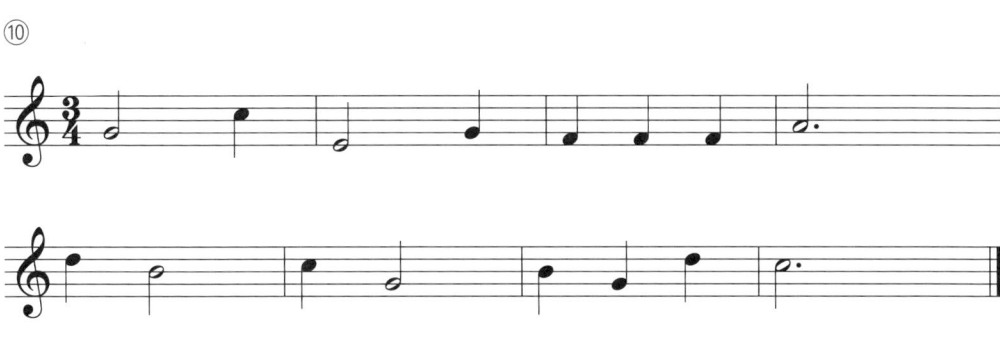

⑪

⑫

⑬

⑭

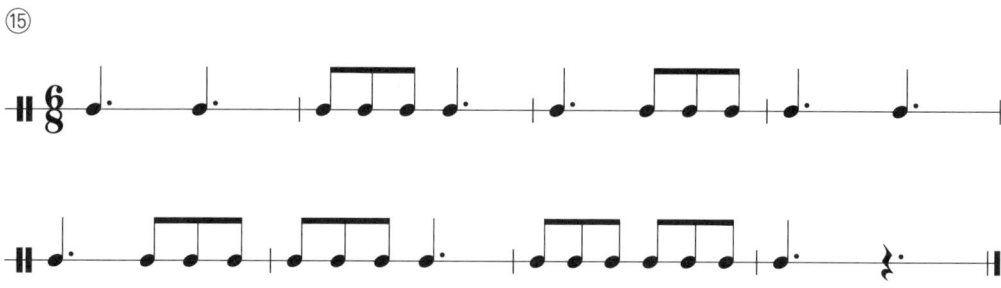

⑮

⑬

⑭

⑮

· Part01 실전 문제

1. QR 코드에 접속하여 C Major scale을 듣습니다.
2. 문제 음원을 듣고 아래 오선지에 청음합니다.
3. 교재 뒤쪽의 정답지를 확인하여 채점합니다.

문제 1

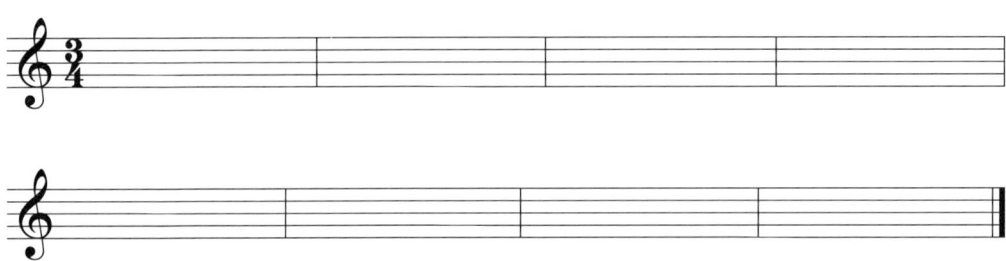

문제 2

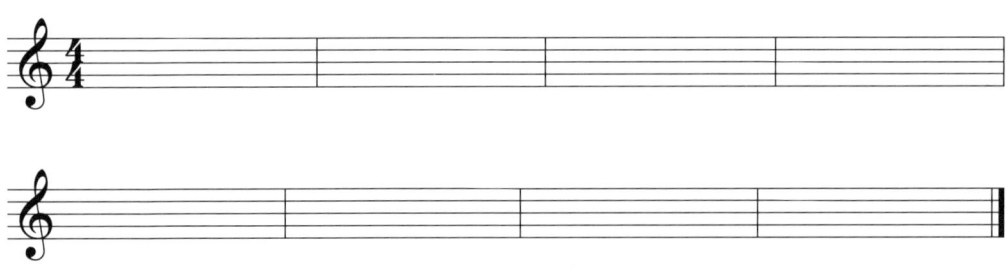

문제 3

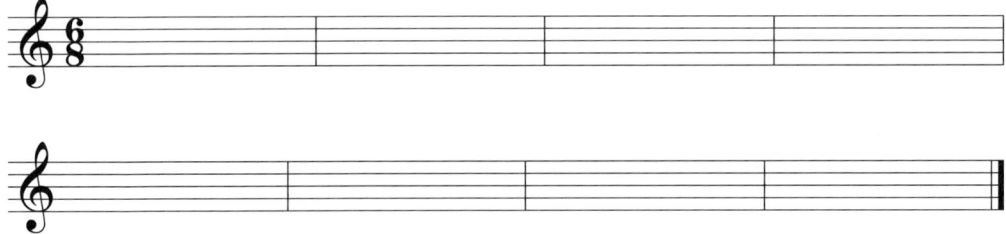

문제 4

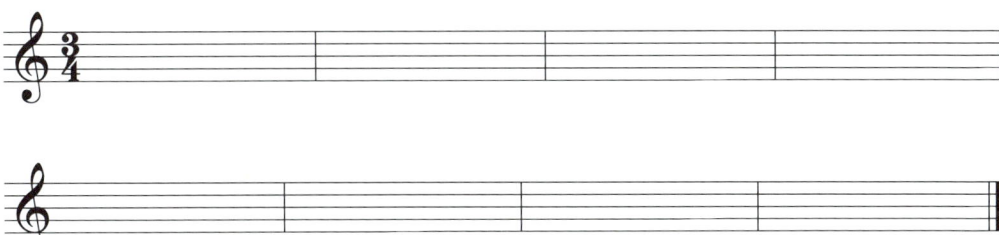

문제 5

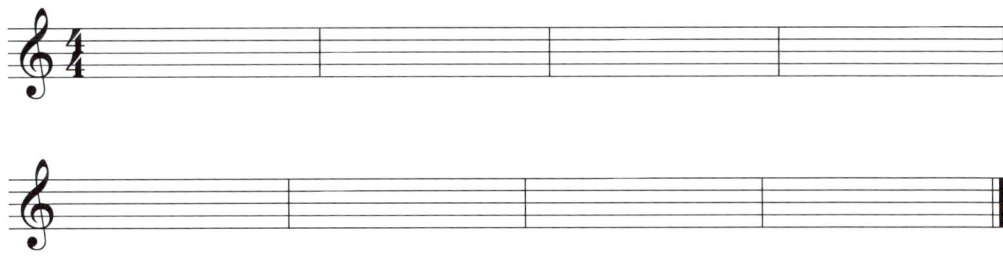

문제 6

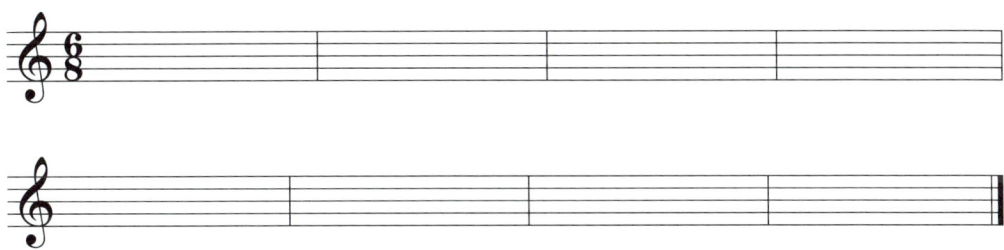

문제 7

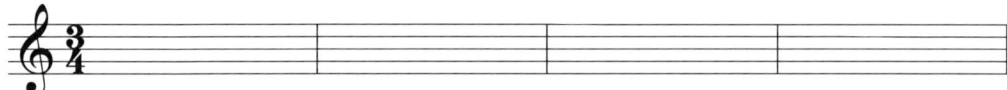

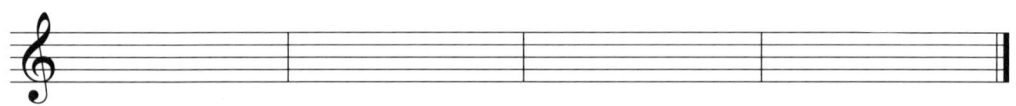

문제 8

문제 9

문제 10

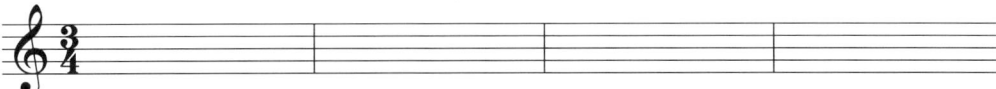

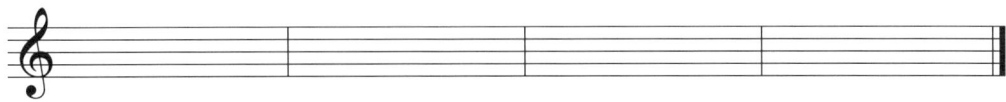

문제 11

문제 12

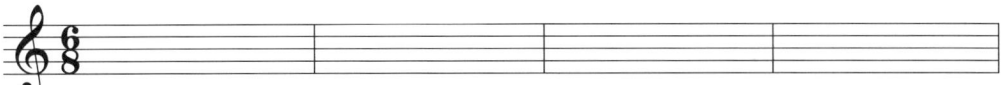

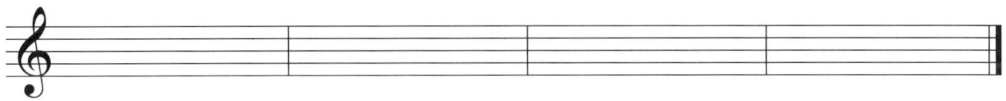

2

여러 가지 리듬과
다양한 음정 연습

- 3/4 박자
- 4/4 박자
- 6/8 박자

여러 가지 리듬과 다양한 음정 연습

Part02에서는 $\frac{3}{4}$, $\frac{4}{4}$, $\frac{6}{8}$ 박자의 여러 가지 리듬을 연습합니다.

먼저 오른쪽 페이지의 QR 코드에 접속하여 박자별 리듬을 입으로 소리내어 연습해 보세요.

점음표로 리듬 변화를 주는 부점에 특별히 주의합니다.

· 3/4박자의 여러 가지 리듬

① (2분음표 + 8분음표)

② (8분음표)

③ (점4분음표 + 8분음표 + 4분음표)

④ (점4분음표 + 8분음표 + 8분음표)

⑤ (부점 리듬)

• 4/4박자의 여러 가지 리듬

①  (4분음표 + 8분음표)

② (점4분음표 + 8분음표 + 4분음표)

③ (2분음표 + 점4분음표 + 8분음표)

④ (4분음표 + 부점 리듬)

• 6/8박자의 여러 가지 리듬

①  (4분음표 + 8분음표 + 16분음표)

②  (8분음표 + 4분음표 + 8분음표)

③  (8분음표 + 16분음표)

④  (16분음표 + 8분음표 / 8분음표 + 16분음표)

⑤  (16분음표)

· Part02 여러 가지 리듬과 다양한 음정 연습

1. 메트로놈을 $\frac{3}{4}$, $\frac{4}{4}$박자는 72(♩=72), $\frac{6}{8}$박자는 108(♪=108)에 맞춥니다.
2. 메트로놈을 들으며 왼쪽 페이지의 리듬 악보를 입으로 소리내어 읽어봅니다.
3. QR 코드에 접속하여 C Major scale을 들은 후, 오른쪽 선율 악보를 시창합니다.
4. 오선 노트를 펴고 QR 코드 음원을 들으며 청음합니다.

①

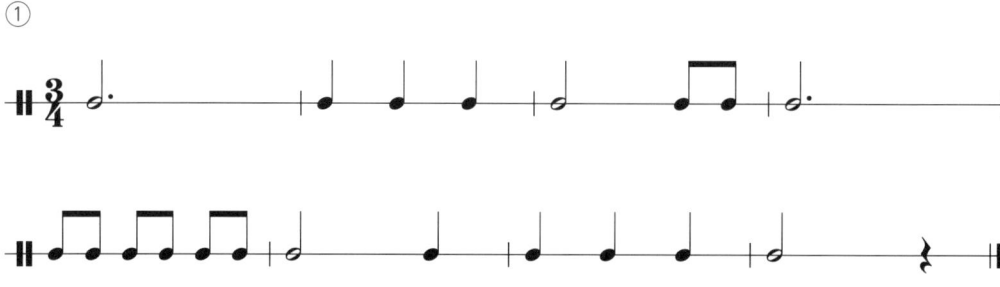

②

③

①

②

③

④

⑤

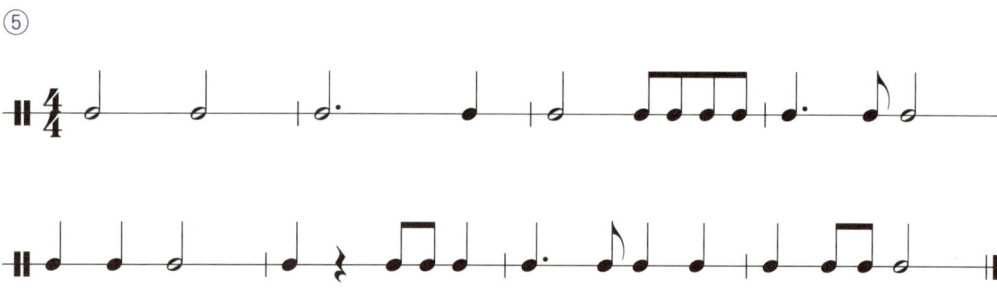

⑥

④

⑤

⑥

⑦

⑧

⑨

⑦

⑧

⑨

⑩

⑪

⑫

⑩

⑪

⑫

⑬

⑭

⑮

⑬

⑭

⑮

⑯

⑰

⑱

⑯

⑰

⑱

· Part02 실전 문제

1. QR 코드에 접속하여 C Major scale을 듣습니다.
2. 문제 음원을 듣고 아래 오선지에 청음합니다.
3. 교재 뒤쪽의 정답지를 확인하여 채점합니다.

문제 1

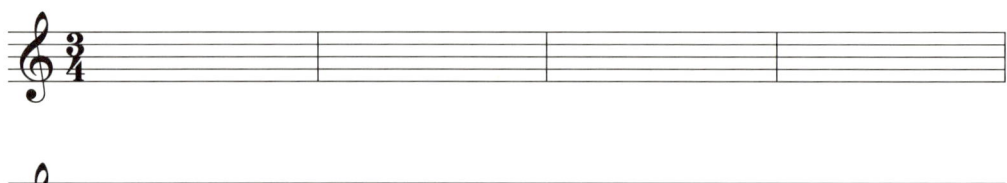

문제 2

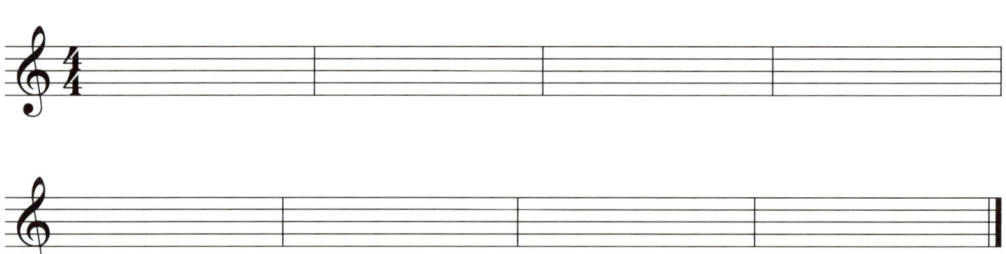

문제 3

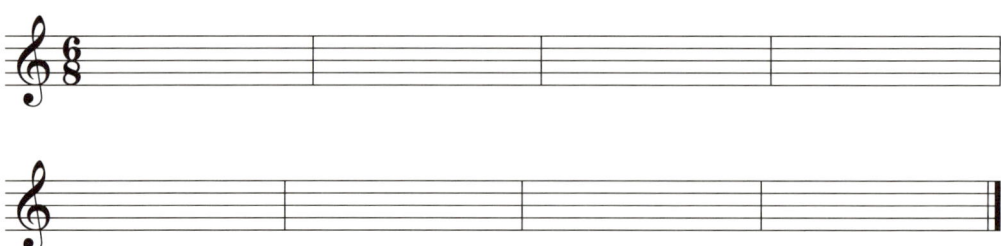

문제 4

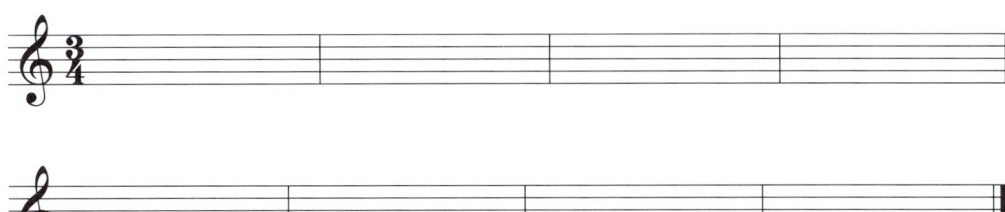

문제 5

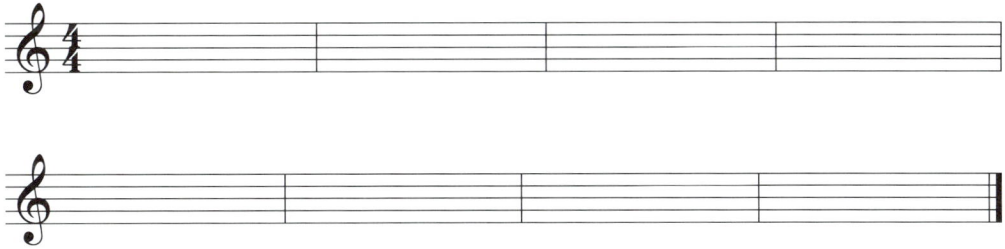

문제 6

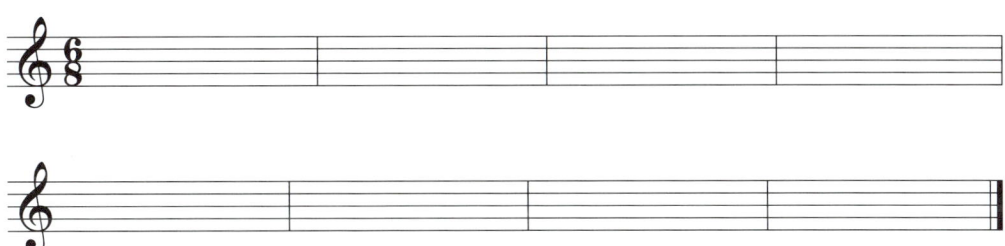

문제 7

문제 8

문제 9

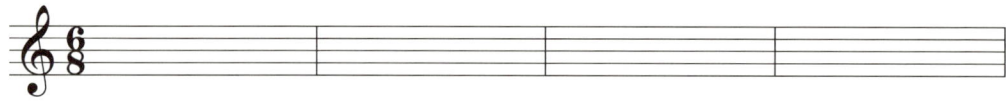

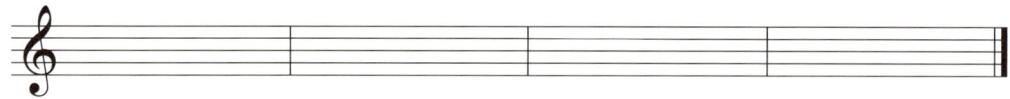

문제 10

문제 11

문제 12

3
다양한 리듬 연습

· 싱커페이션
· 한 박에 나오는 3개의 리듬

다양한 리듬 연습

Part03에서는 $\frac{3}{4}$, $\frac{4}{4}$박자에서 까다롭게 느껴지는 당김음(싱커페이션)과 한 박자를 3분할하는 리듬을 연습합니다.

싱커페이션은 리듬의 강약 관계를 바꿔서 예상치 못한 악센트를 만들어내는 음악 기법입니다. 쉽게 말하면, 박자의 약한 부분에 강한 악센트를 주어 흥미로운 리듬을 만듭니다.

3분할 리듬은 한 박자를 3개의 음으로 나누는 리듬입니다. 특별히 셋잇단음은 빠르고 경쾌한 느낌으로 리듬을 다채롭게 합니다. 먼저 오른쪽 페이지의 QR 코드에 접속하여 싱커페이션과 3분할 리듬을 듣고 입으로 소리내어 연습해 보세요.

· 3/4박자의 당김음 리듬

· 4/4박자의 당김음 리듬

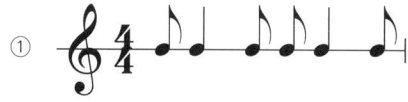

• 한 박에 나오는 3개의 리듬

① 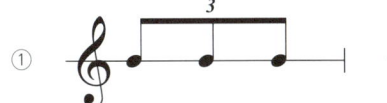　　　(셋잇단음표)

② 　　　(8분음표 + 16분음표)

③ 　　　(16분음표 + 8분음표)

④ 　　　(당김음 리듬)

• Part03 다양한 리듬 연습 : 싱커페이션

1. 메트로놈을 $\frac{3}{4}$, $\frac{4}{4}$박자는 72($\quad$= 72), $\frac{6}{8}$박자는 108($\quad$= 108)에 맞춥니다
2. 메트로놈을 들으며 왼쪽 페이지의 리듬 악보를 입으로 소리내어 읽어봅니다.
3. QR 코드에 접속하여 C Major scale을 들은 후, 오른쪽 선율 악보를 시창합니다.
4. 오선 노트를 펴고 QR 코드 음원을 들으며 청음합니다.

①

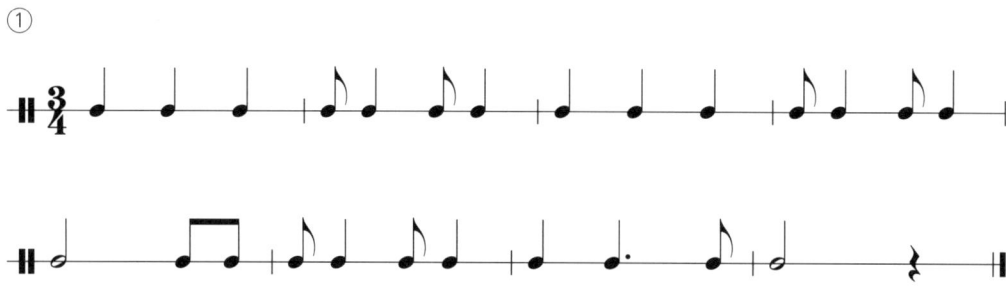

②

③

①

②

③

④

⑤

⑥

④

⑤

⑥

⑦

⑧

⑨

⑦

⑧

⑨

①

②

③

④

⑤

⑥

⑦

⑧

⑤

⑥

⑦

⑧

1. QR 코드에 접속하여 C Major scale을 듣습니다.
2. 문제 음원을 듣고 아래 오선지에 청음합니다.
3. 교재 뒤쪽의 정답지를 확인하여 채점합니다.

문제 1

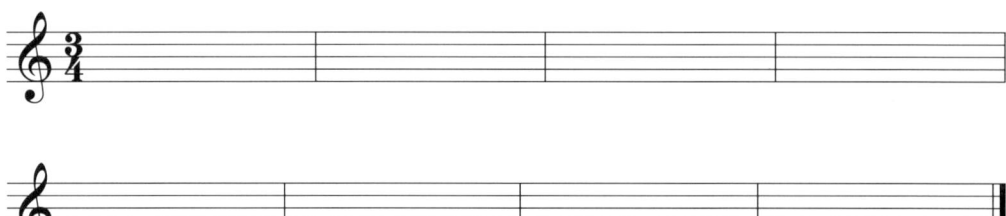

문제 2

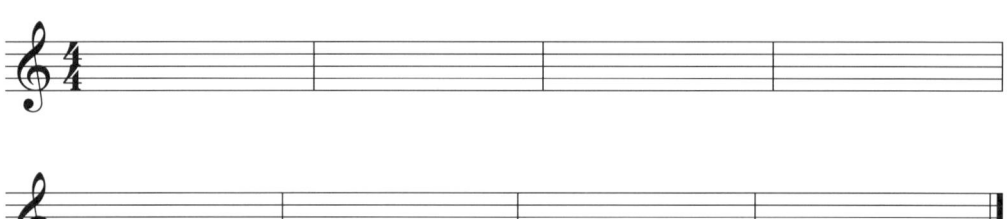

문제 3

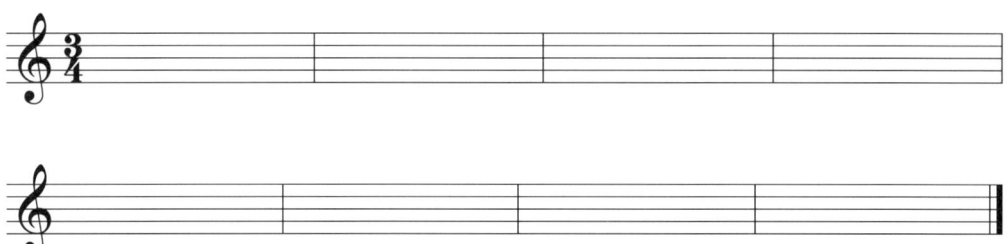

문제 4

문제 5

문제 6

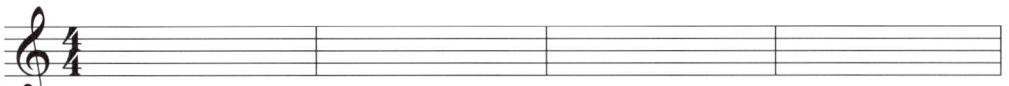

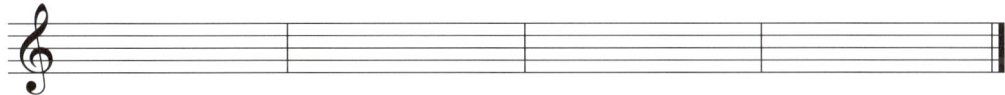

문제 7

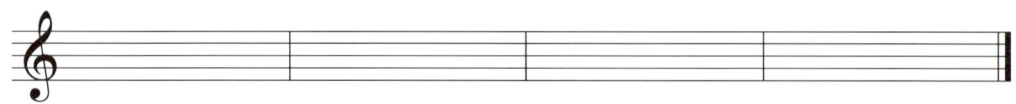

문제 8

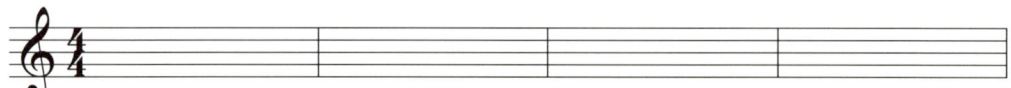

문제 9

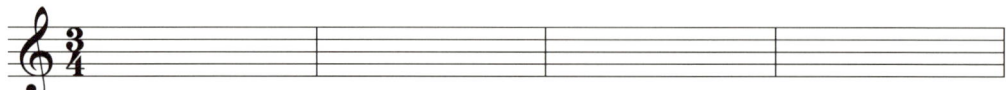

문제 10

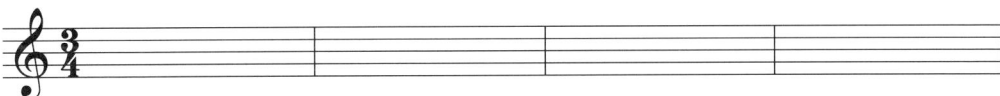

문제 11

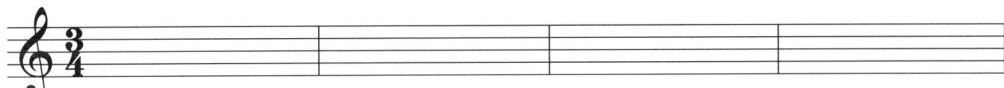

문제 12

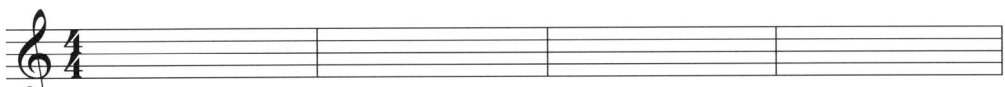

4

붙임줄 연습

- · 3/4 박자
- · 4/4 박자
- · 6/8 박자

붙임줄 연습

붙임줄(tie)은 같은 음높이를 가진 두 개의 음을 연결하는 기호입니다. 붙임줄로 연결된 두 개의 음표는 두 음표 길이의 합만큼 이어서 한 음처럼 연주합니다. 예를 들어, 4분음표 두 개가 붙임줄로 연결되어 있다면 2분음표의 길이로 연주해야 합니다.

붙임줄은 보통 다음과 같은 경우에 사용합니다.

• 음의 길이가 세로줄을 넘어갈 때

음의 길이가 세로줄을 넘어갈 때 붙임줄로 연결하여 음을 표현합니다. 음표들은 총 길이만큼 연주합니다.

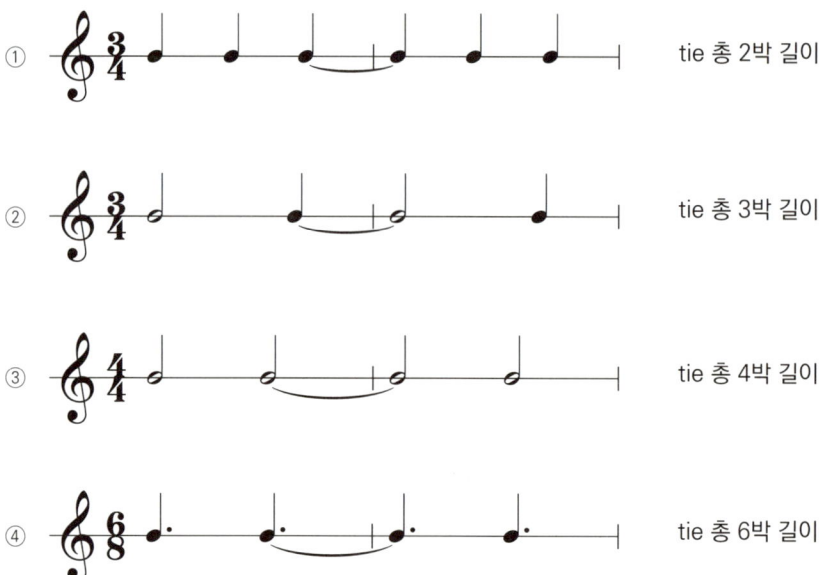

①   tie 총 2박 길이

② tie 총 3박 길이

③ tie 총 4박 길이

④ tie 총 6박 길이

• 음표로 음의 길이를 표현할 수 없을 때

2박 + 반박의 길이는 음표로 표현할 수 없습니다. 이런 경우 아래 악보처럼 붙임줄을 사용하여 음의 길이를 표현합니다.

1. 메트로놈을 $\frac{3}{4}$, $\frac{4}{4}$ 박자는 72($\downarrow$ = 72), $\frac{6}{8}$ 박자는 108($\downarrow$ = 108)에 맞춥니다.
2. 메트로놈을 들으며 왼쪽 페이지의 리듬 악보를 입으로 소리내어 읽어봅니다.
3. QR 코드에 접속하여 C Major scale을 들은 후, 오른쪽 선율 악보를 시창합니다.
4. 오선 노트를 펴고 QR 코드 음원을 들으며 청음합니다.

①

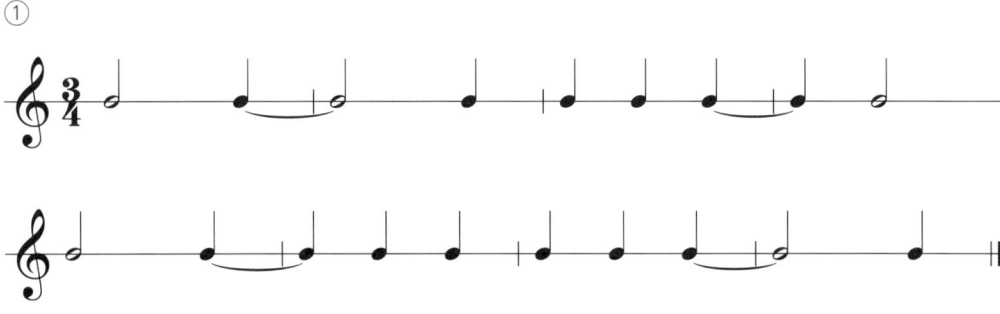

②

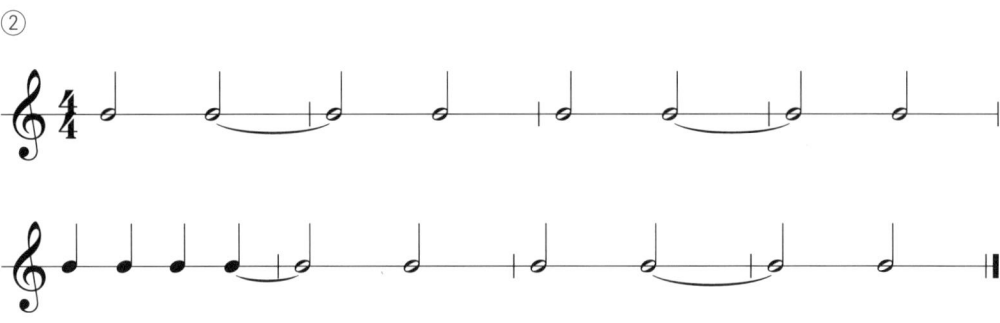

③

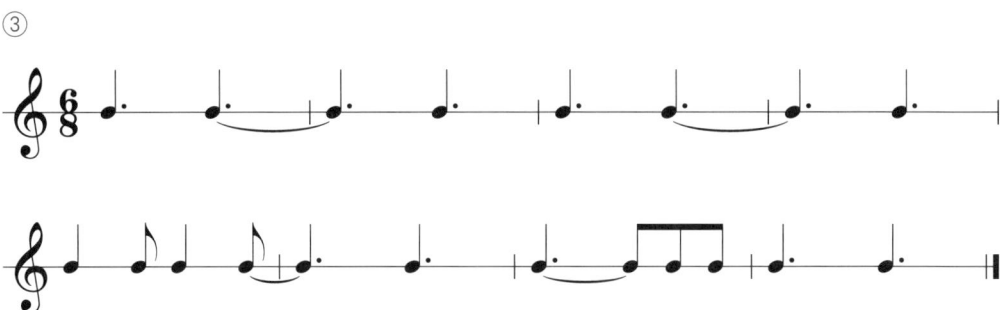

①

②

③

④

⑤

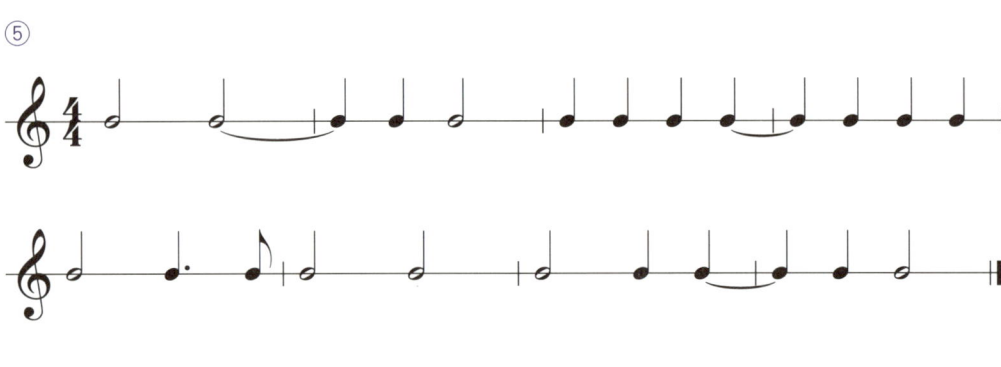

⑥

④

⑤

⑥

⑦

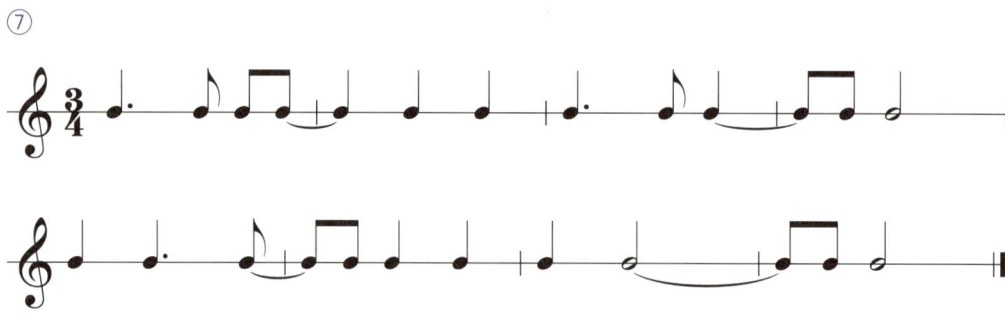

⑧

⑨

⑦

⑧

⑨

⑩

⑪

⑫

⑩

⑪

⑫

· Part04 실전 문제

1. QR 코드에 접속하여 C Major scale을 듣습니다.
2. 문제 음원을 듣고 아래 오선지에 청음합니다.
3. 교재 뒤쪽의 정답지를 확인하여 채점합니다.

문제 1

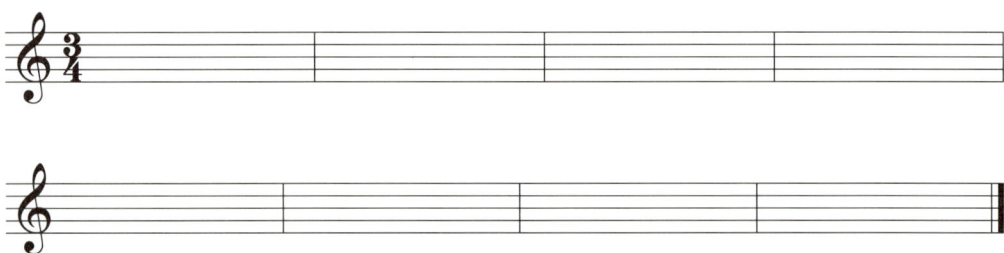

문제 2

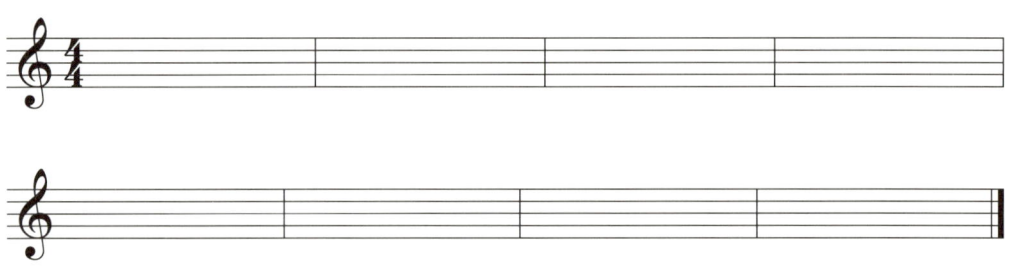

문제 3

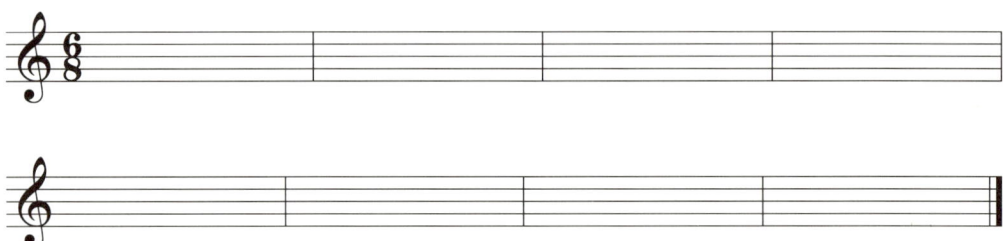

문제 4

문제 5

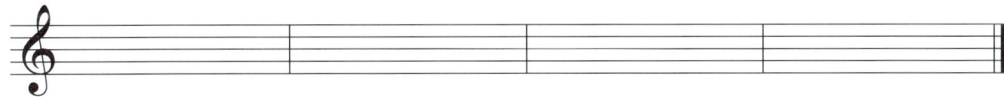

문제 6

문제 7

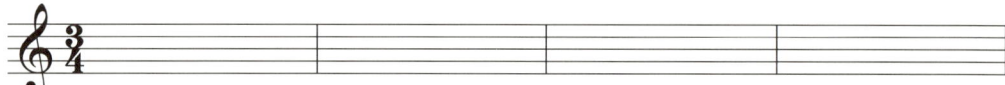

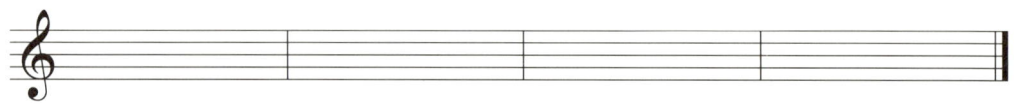

문제 8

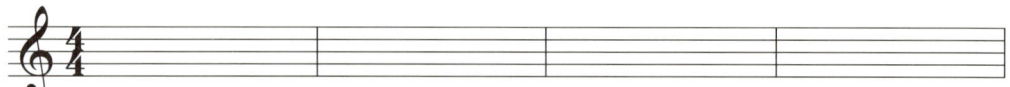

문제 9

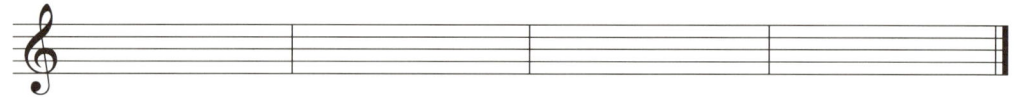

문제 10

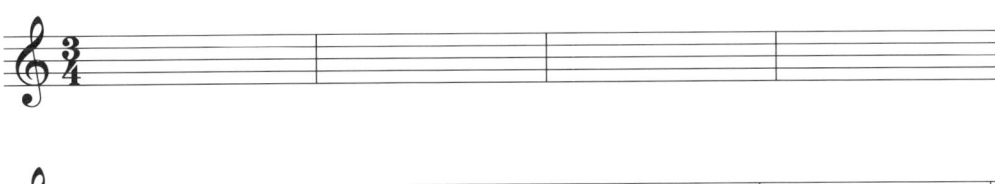

문제 11

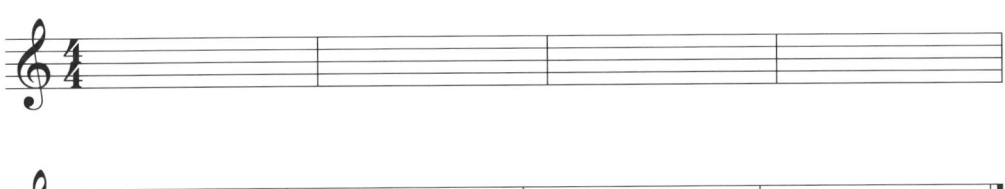

문제 12

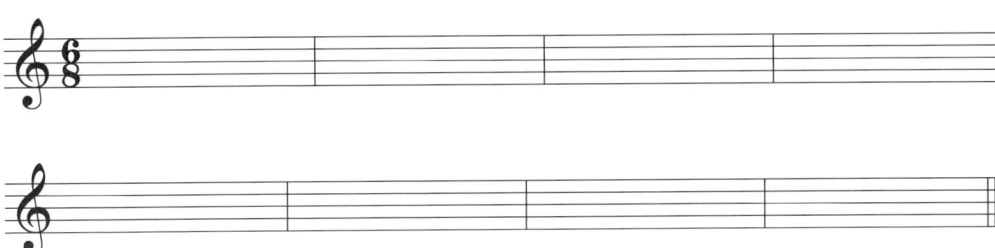

5
임시표와 반음 연습

- 임시표 연습(F#, C#, G#, B♭, E♭)
- 반음 연습

임시표와 반음 연습

Part05에서는 ♯, ♮, ♭(임시표)을 연습해 봅니다. 각 음 앞에 임시표를 정확히 그려야 합니다.(의외로 정확하게 기보하지 못하는 경우가 많이 있습니다.) 처음에는 F♯을 연습하고 C♯ - G♯ - B♭ - E♭ 순서로 연습합니다.

〈♯ 조표 붙는 순서〉

· F♯ 연습

청음에서 F♯을 먼저 연습하는 이유는 조표에서 ♯이 붙는 순서가 F음부터 시작하기 때문입니다. 아래 악보의 반음으로 상행, 하행을 연습하면 효과적으로 청음할 수 있습니다.

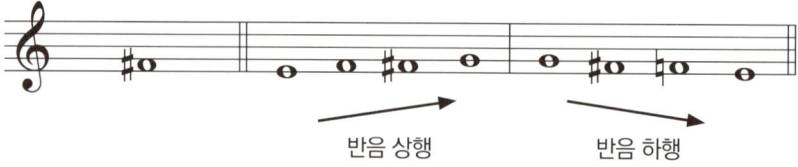

· C♯, G♯ 연습

F♯과 마찬가지로 반음 상행을 먼저 연습한 후 반음 하행을 연습해 봅시다.

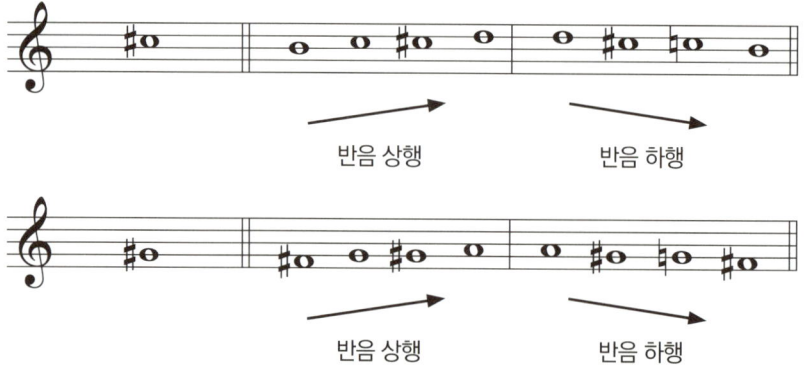

〈♭ 조표 붙는 순서〉

· B♭ 연습

♭ 연습은 B♭부터 시작합니다. 조표에서 ♭이 붙는 순서가 B음부터 시작하기 때문입니다. 아래 악보의 반음으로 상행, 하행을 연습하면 효과적으로 청음할 수 있습니다.

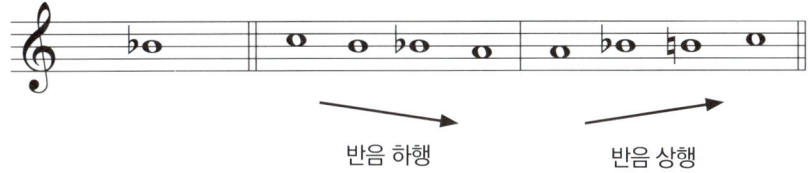

· E♭ 연습

B♭과 마찬가지로 반음에서 하행을 먼저 연습한 후 반음 상행을 연습해 봅니다.

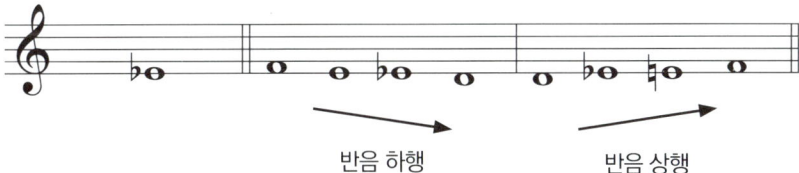

1. 메트로놈을 $\frac{3}{4}$, $\frac{4}{4}$ 박자는 72(♩ = 72), $\frac{6}{8}$ 박자는 108(♪ = 108)에 맞춥니다.
2. QR 코드에 접속하여 C Major scale을 들은 후, 악보를 시창합니다.
3. 오선 노트를 펴고 QR 코드 음원을 들으며 청음합니다.

①

②

③

④

⑤

⑥

⑦

⑧

⑨

⑩

⑪

⑫

①

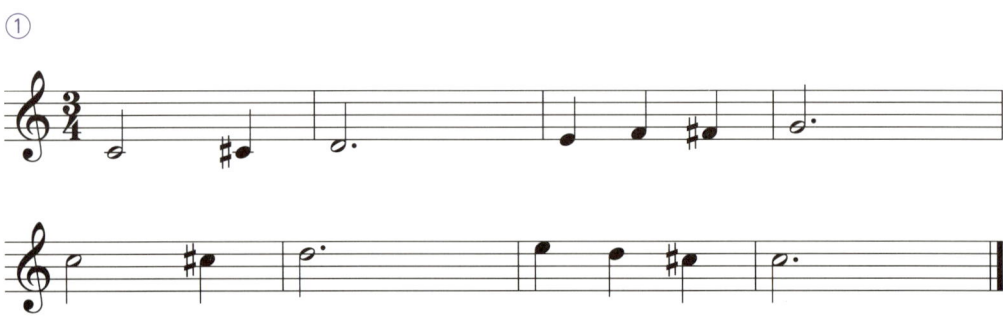

②

③

④

⑤

⑥

⑦

⑧

⑨

⑩

⑪

⑫

①

②

③

④

⑤

⑥

⑦

⑧

⑨

⑩

⑪

⑫

①

②

③

④

⑤

⑥

⑦

⑧

⑨

⑩

⑪

⑫

①

②

③

④

⑤

⑥

⑦

⑧

⑨

⑩

⑪

⑫

①

②

③

④

⑤

⑥

⑦

⑧

⑨

⑩

⑪

⑫

· Part05 실전 문제 ━━━━━━━━━━━━━━━━

1. QR 코드에 접속하여 C Major scale을 듣습니다.
2. 문제 음원을 듣고 아래 오선지에 청음합니다.
3. 교재 뒤쪽의 정답지를 확인하여 채점합니다.

문제 1

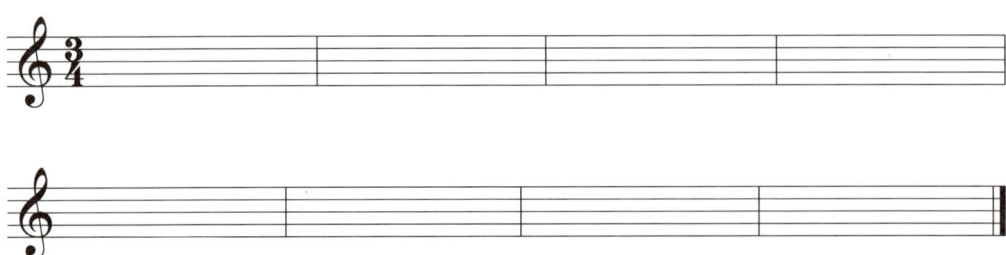

문제 2

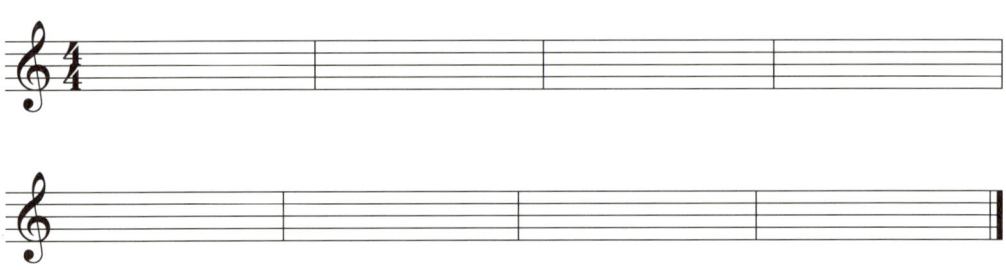

문제 3

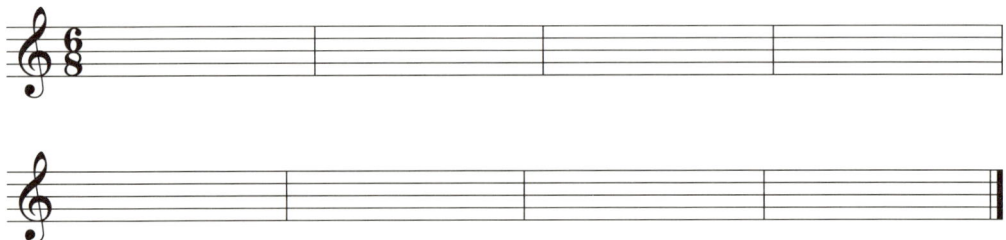

문제 4

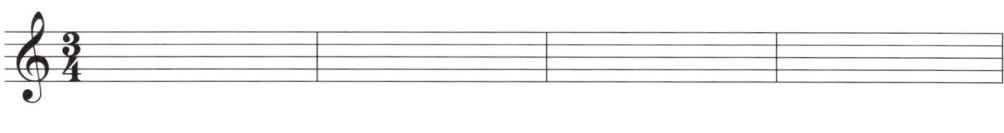

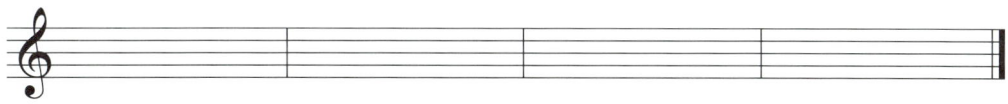

문제 5

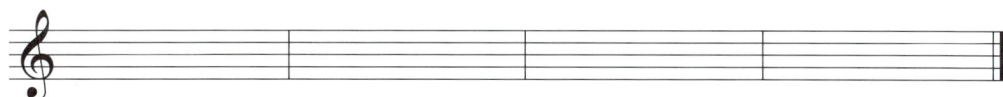

문제 6

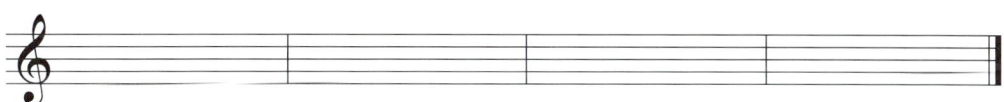

문제 7

문제 8

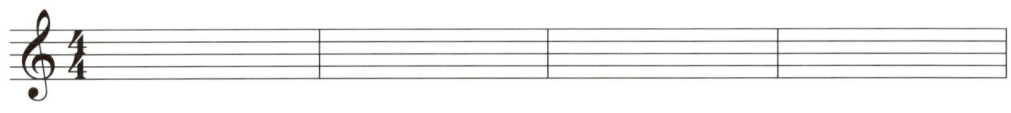

문제 9

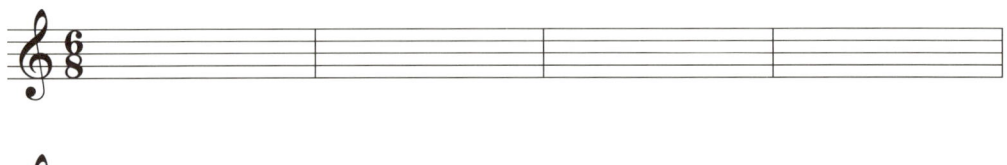

문제 10

문제 11

문제 12

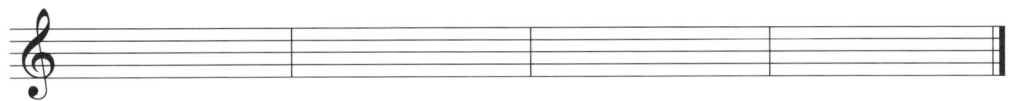

6

음정과 기본 화음 연습

음정과 기본 화음 연습

음정은 두 음의 높이 차이를 말합니다. 선율과 화음을 만드는 음악의 기본 요소입니다. 화음은 2개 이상의 음이 동시에 울리는 소리입니다. 3화음이 기본이며 주로 코드라고 부릅니다.

· 1도 음정

완전1도

· 2도 음정   · 3도 음정

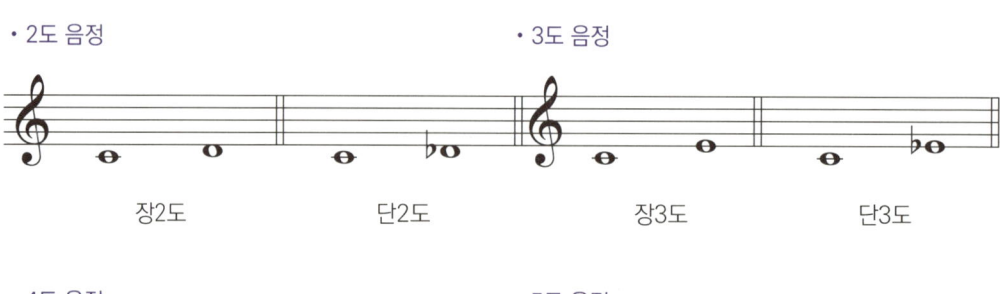

장2도   단2도   장3도   단3도

· 4도 음정   · 5도 음정

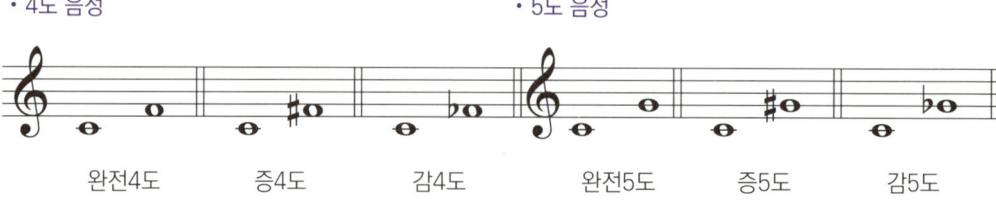

완전4도   증4도   감4도   완전5도   증5도   감5도

· 6도 음정   · 7도 음정

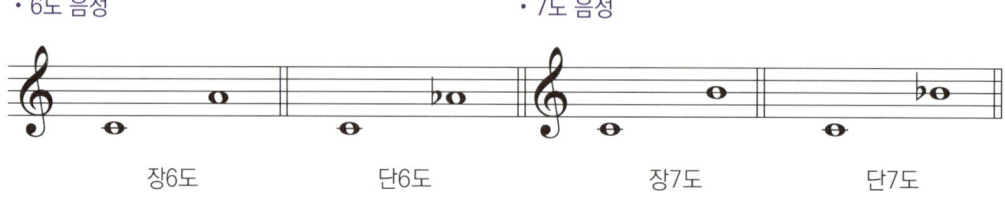

장6도   단6도   장7도   단7도

· 8도 음정

완전8도

음정은 두 음사이의 거리가 늘어나고 줄어듦에 따라 부르는 이름이 달라집니다.

아래 음정 관계표를 참고하며 2도 ~ 8도 음정을 연습해 봅시다.

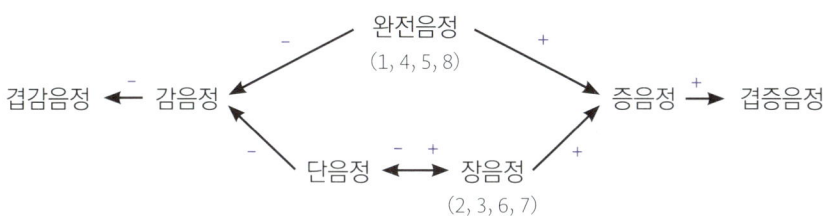

• 3화음의 종류

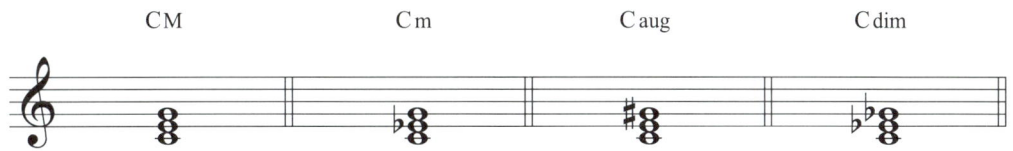

① CM : 근음 – 장3도 – 완전5도 음정으로 이뤄진 화음입니다. C 메이저 코드라고 읽으며, 그냥 C로 표기하기도 합니다. 밝은 느낌이 납니다.

② Cm : 근음 – 단3도 – 완전5도 음정으로 이뤄진 화음입니다. C 마이너 코드라고 읽으며, 어두운 느낌이 납니다.

③ Caug : 근음 – 장3도 – 증5도 음정으로 이뤄진 화음입니다. C 어그먼티드 코드라고 읽으며, 상승하는 느낌이 납니다.

④ Cdim : 근음 – 단3도 – 감5도 음정으로 이뤄진 화음입니다. C 디미니시드 코드라고 읽으며, 매우 우울한 느낌이 납니다.

· Part06 음정 연습

1. 메트로놈을 $\frac{3}{4}$, $\frac{4}{4}$ 박자는 72($\downarrow$=72), $\frac{6}{8}$ 박자는 108($\downarrow$=108)에 맞춥니다.

2. QR 코드에 접속하여 C Major scale을 들은 후, 악보를 시창합니다.

3. 오선 노트를 펴고 QR 코드 음원을 들으며 청음합니다.

2도 음정

①

②

③

3도 음정

①

②

③

· Part06 음정 연습

4도 음정

①

②

③

5도 음정

①

②

③

6도 음정

①

②

③

7~8도 음정

①

②

③

1. QR 코드 음원을 들으며 메이저, 마이너 코드를 구분해 봅니다.

①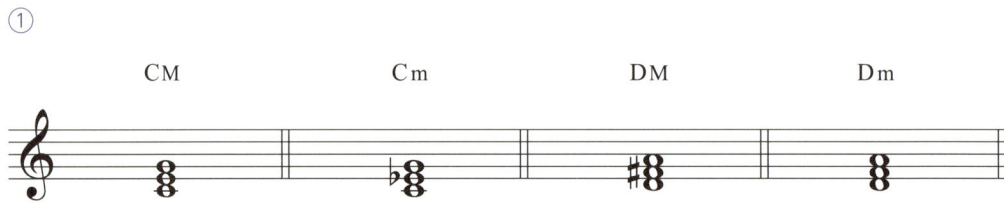

②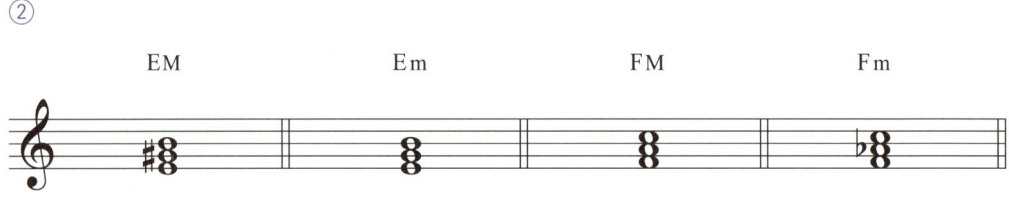

③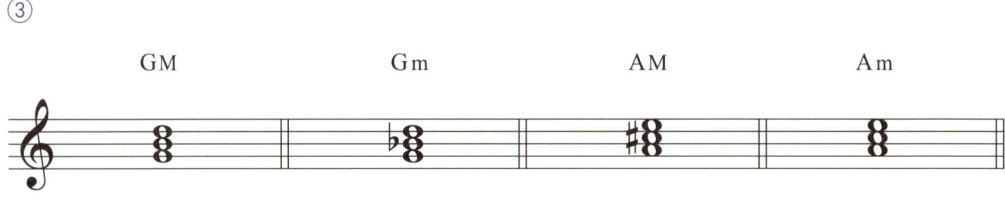

④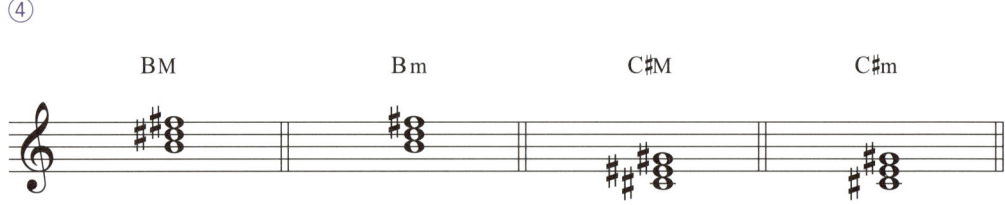

2. QR 코드 음원을 들으며 어그먼티드, 디미니시드 코드를 구분해 봅니다.

⑤

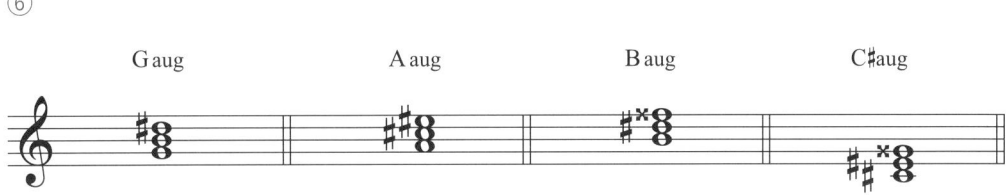

⑥

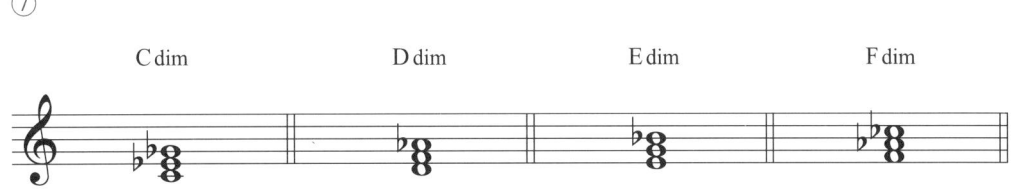

⑦

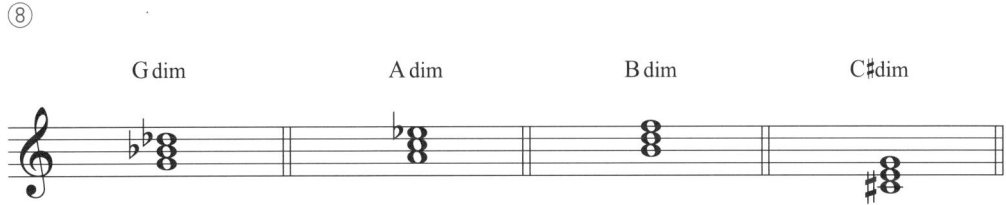

⑧

Part 6. 음정과 기본 화음 연습 121

· Part06 실전 문제

1. QR 코드에 접속하여 C Major scale을 듣습니다.
2. 문제 음원을 듣고 아래 오선지에 청음합니다.
3. 교재 뒤쪽의 정답지를 확인하여 채점합니다.

문제 1

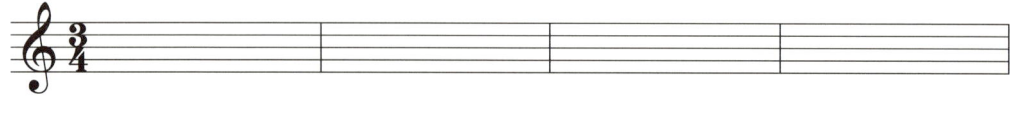

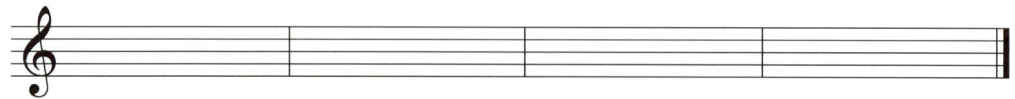

문제 2

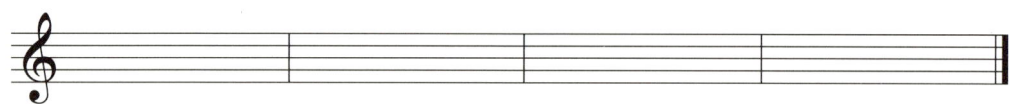

문제 3

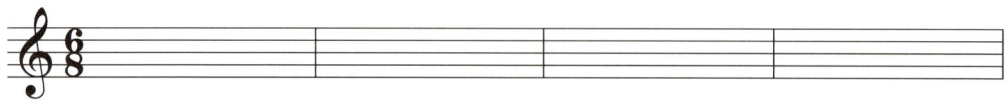

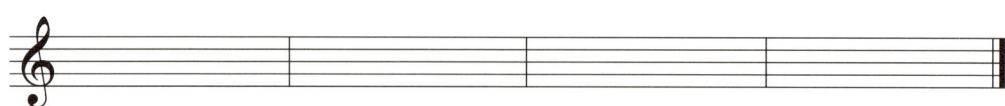

문제 4

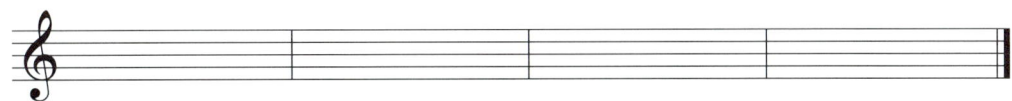

문제 5

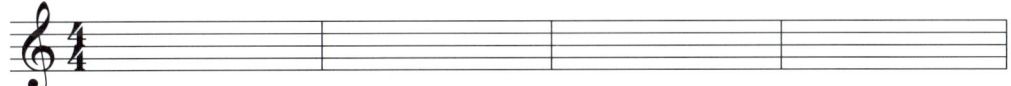

문제 6

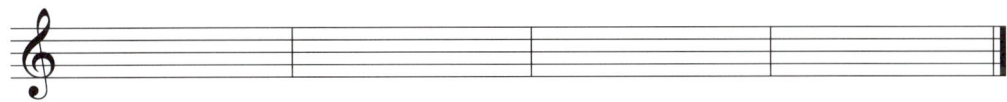

문제 7

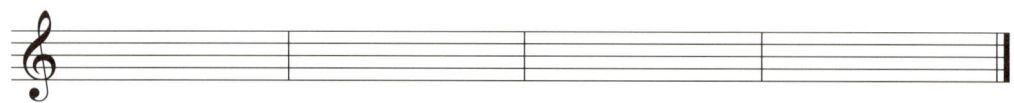

문제 8

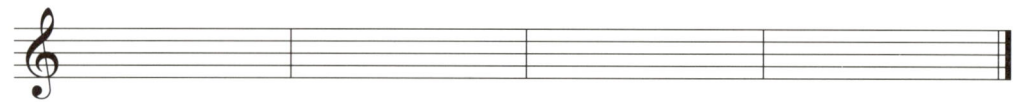

문제 9

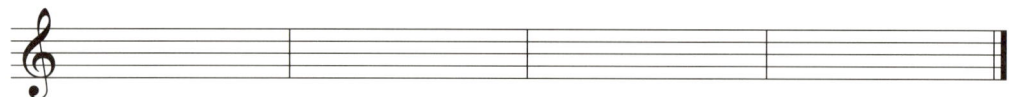

문제 10

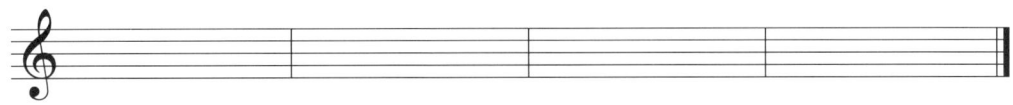

문제 11

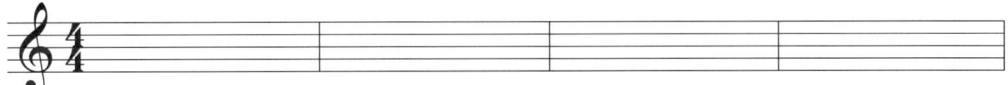

문제 12

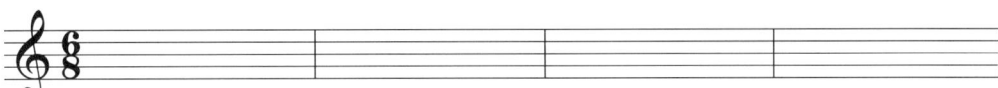

7

실전 모의고사

1)

2)

3)

4)

5)

6)

7)

8)

9)

10)

11)

12)

13)

14)

15)

모의고사 1

16)

17)

18)

19)

20)

21)

모의고사 1

22)

23)

24)

25)

26)

27)

모의고사 1

28)

29)

30)

1)

2)

3)

4)

5)

6)

7)

8)

9)

10)

11)

12)

13)

14)

15)

16)

17)

18)

19)

20)

21)

모의고사 2

22)

23)

24)

25)

26)

27)

28)

29)

30)

실전 모의고사 3

1)

2)

3)

4)

5)

6)

7)

8)

9)

10)

11)

12)

13)

14)

15)

모의고사 3

16)

17)

18)

Part 7. 실전 모의고사 153

19)

20)

21)

모의고사 3

22)

23)

24)

25)

26)

27)

모의고사 3

28)

29)

30)

실전 모의고사 4

1)

2)

3)

4)

5)

6)

7)

8)

9)

10)

11)

12)

13)

14)

15)

16)

17)

18)

19)

20)

21)

22)

23)

24)

25)

26)

27)

28)

29)

30)

실전 모의고사 5

1)

2)

3)

4)

5)

6)

7)

8)

9)

모의고사 5

10)

11)

12)

13)

14)

15)

16)

17)

18)

19)

20)

21)

22)

23)

24)

25)

26)

27)

모의고사 5

28)

29)

30)

실전문제
답안지

Part01. 실전 문제(p20)

①

②

③

④

⑤

⑥

Part02. 실전 문제(p40)

Part03. 실전 문제(p58)

Part04. 실전 문제(p74)

Part05. 실전 문제(p106)

Part06. 실전 문제(p122)

스마트폰으로 편하게 연습하는 시창과 청음

초판 1쇄 발행   2024년 06월 17일
초판 2쇄 발행   2025년 03월 13일

지 은 이 박은해
발 행 인 양세진
악 보 작 업 이준용
마 케 팅 정보옥
디 자 인 전혜진, JK Design
인　　쇄 예림 인쇄

펴낸 곳 1458music
주소 경기도 성남시 분당구 장미로 42, 리더스빌딩 716호
전화 070-8670-4340 / **팩스** 0504-848-4340
등록 2008년 4월 21일, 제2008-000017호
홈페이지 www.1458music.com
유튜브 채널 www.youtube.com/c/1458music
페이스북 www.facebook.com/1458musicbook
이메일 1458music@naver.com

ISBN 979-11-89598-60-0 (13670)